Zhongguo Wenhua
Zhishi Duben

中国文化知识读本

古代商团

主编
金开诚

编著
霍慧婷

吉林出版集团有限责任公司
吉林文史出版社

图书在版编目（CIP）数据

古代商团 / 霍慧婷编著. —— 长春 ：
吉林出版集团有限责任公司 ：吉林文史出版社，2009.12（2023.4重印）
（中国文化知识读本）
ISBN 978-7-5463-1267-5

Ⅰ. ①古… Ⅱ. ①霍… Ⅲ. ①商业史－中国－古代
Ⅳ. ①F729.2

中国版本图书馆CIP数据核字(2009)第222994号

古代商团

GUDAI SHANGTUAN

主编/ 金开诚 编著/霍慧婷

项目负责/崔博华 责任编辑/曹 恒 崔博华

责任校对/袁一鸣 装帧设计/曹 恒

出版发行/吉林出版集团有限责任公司 吉林文史出版社

地址/长春市福祉大路5788号 邮编/130000

印刷/天津市天玺印务有限公司

版次/2009年12月第1版 印次/2023年4月第4次印刷

开本/660mm×915mm 1/16

印张/8 字数/30千

书号/ISBN 978-7-5463-1267-5

定价/34.80元

前 言

文化是一种社会现象,是人类物质文明和精神文明有机融合的产物;同时又是一种历史现象,是社会的历史沉积。当今世界,随着经济全球化进程的加快,人们也越来越重视本民族的文化。我们只有加强对本民族文化的继承和创新,才能更好地弘扬民族精神,增强民族凝聚力。历史经验告诉我们,任何一个民族要想屹立于世界民族之林,必须具有自尊、自信、自强的民族意识。文化是维系一个民族生存和发展的强大动力。一个民族的存在依赖文化,文化的解体就是一个民族的消亡。

随着我国综合国力的日益强大,广大民众对重塑民族自尊心和自豪感的愿望日益迫切。作为民族大家庭中的一员,将源远流长、博大精深的中国文化继承并传播给广大群众,特别是青年一代,是我们出版人义不容辞的责任。

本套丛书是由吉林文史出版社和吉林出版集团有限责任公司组织国内知名专家学者编写的一套旨在传播中华五千年优秀传统文化,提高全民文化修养的大型知识读本。该书在深入挖掘和整理中华优秀传统文化成果的同时,结合社会发展,注入了时代精神。书中优美生动的文字、简明通俗的语言、图文并茂的形式,把中国文化中的物态文化、制度文化、行为文化、精神文化等知识要点全面展示给读者。点点滴滴的文化知识仿佛颗颗繁星,组成了灿烂辉煌的中国文化的天穹。

希望本书能为弘扬中华五千年优秀传统文化、增强各民族团结、构建社会主义和谐社会尽一份绵薄之力,也坚信我们的中华民族一定能够早日实现伟大复兴!

目录

一、山西商团

山西巡抚岑春煊给"日升昌"送的"急公好义"的牌匾

（一）富甲华夏的晋商

科举制在我国封建社会由来已久，引历代学子十年寒窗，发奋苦读。揭榜那一日，状元也就成了众人瞩目的对象。清朝总共出了一百多个状元，这些状元来自不同的地区，但唯独没有山西的学子。连云南、贵州等较为偏远的地区都出过状元，为什么偏偏没有山西的呢？

原来在山西，不是学而优则仕，而是学而优则贾。最聪明的、读书最好的孩子让他去经商；差一点的去种地，种地还是个地主呢；剩下的才去参加科举考试。山西的学生就是这样分配的。那这又是为什么呢？

清朝的时候，山西的一个县令一年的薪水是一千多两白银，而山西票号里的一个小伙计的年薪也是这么多。长在这富贾如云的地区里，何去何从自然分明。

伙计尚且这么有身价，那老板又是怎样的一些商人呢？

山西商团是我国古代十大商团中最早崛起的，历史上也称晋商。晋商是在明代中期正式形成的，是我国明清时期非常重要的一个大的商人团体。晋商经过数百年的积淀，家底异常丰厚。

山西平遥古城"大清金融第一街"

"日升昌"办公场所

清朝一位大臣在写给皇帝的奏折中写道，臣听说山西太谷县孙姓人家，家有白银两千余万，曹姓、贾姓人家各有四五百万，平遥县的侯姓人家、介休县的张姓人家，各有三四百万……介休县家产超百万的大概几十家，祁县超百万的大概也几十家。

可见，山西几个县城中的富户家产相加，数量就超过了一亿两白银。这可不是普通的数字，比当时国库的存银还要多。

早在隋唐时期，就有资产雄厚的山西商人，他就是武则天的父亲武士彟。李渊父子当年从太原起兵，做木材生意的武士彟给予了他们丰厚的物质支援。凭借着武士彟的财力和精锐的太原军队，李渊父子最终夺取了政权，赢得了天下。

清兵入关之后，顺治皇帝首先做的不是别的，而是召见了当时最有名的八位山西商人。在大殿设宴，赐予他们华丽的服饰，最后还把这些商人编入了由内务府管理的"御用皇商"的行列。皇帝之所以这样重视山西商人，就是因为山西商人富可敌国，皇帝也要为自己留条后路。雍正年间，朝廷调集军队平定青海叛乱，当清军深入草原以后，军粮供应发生了困难，仅购买粮草就需要一百

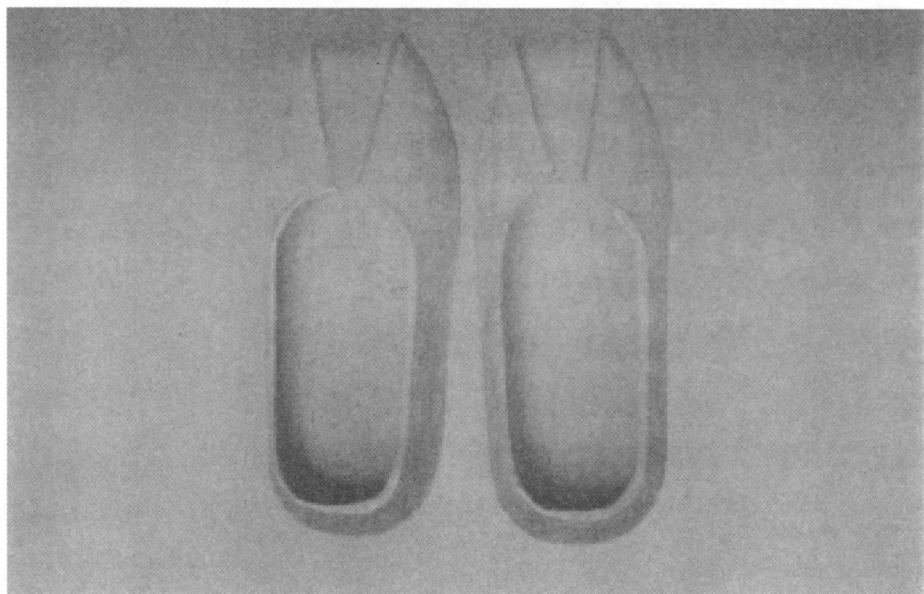

"日升昌"入号考核时必须穿戴的铁鞋

多万两白银。就在朝廷无助的时候，一位山西商人站出来说："这件事就交给我做吧。"而这位山西商人的爷爷，就是顺治帝宴请的八位商人之一。

山西商人的生意遍布全国。从蒙古草原上的骆驼商队，到吴淞口正在出海的商船，都有山西人忙着计算价格的身影；从呼伦贝尔的醋味，到贵州茅台的酒香，都有山西人在酿造叫卖。从甘肃的老西庙到新疆的古城塔，从昆明金殿的铜鼎到江苏扬州的亢园，都是山西商人建造的。

山西商人资本的发展，使山西商人聚集了大量的货币资产，促进了山西手工业的发

"日升昌"创始人雷履泰雕像

展，促进了全国商品物资的交流，加快了中国自然经济解体和商品经济发展的过程。并且他们首创了民间汇兑业务、转账和清算中心。

（二）晋商的首创——山西票号

山西商人的资本生意中，最著名的就是山西票号，可以说是"汇通天下"。票号做的是汇兑买卖，你把银子交给这个店的老板，交一定的手续费，老板就给你一张由商号开出的汇票，拿着这张汇票就可以去其他地方的票号分店领取银子。

中国历史上的第一家票号是日升昌，它

的大掌柜叫雷履泰，原来是做颜料生意的。在日升昌开业以前，人们出门办事，不管是做生意还是拜访亲戚朋友，都得带着沉甸甸的银子上路，费力还不方便。有了日升昌这样的票号以后，人们再出远门就方便多了。

后来政府官员也慢慢来委托办理汇兑事务。资本积累越来越多，通汇的分店也越开越多，利润越来越大。后来又吸收现款，发放贷款。日升昌的生意越来越红火了。其他的山西商人也开始学习日升昌的经验，投资票号生意，从而形成了著名的山西票号。

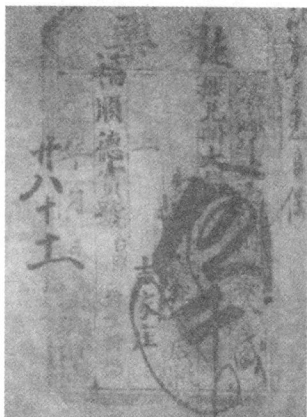

山西平遥古城"日升昌"票号的兑票

光绪十三年的时候，仅日升昌一家票号，就在全国各地有十四个分号，每个分号平均年汇兑量是二百三十一万。而当时全国各家大概共有四百个分号，那么一家二百三十万左右，年交易额就是八亿多两白银啊。

1847年末，山西票号蔚泰厚苏州分号已经有白银存款三万六千两，发放贷款八万两。

1850年，日新中北京分号有存款近三万七千两，发放贷款将近七万两。

太平天国起义之后，清政府由于受到了巨大冲击，财政问题越来越困难，终于批准了朝廷以及政府官员汇兑官银。由于清政府有许多对外活动的国际业务，票号商人渐渐地把生意做到了国外，他们在国外也设立了分店。1907 年，祁县合盛元票号总经理贺洪如在日本的四个大城市开设了分店；平遥县的永泰裕票号在印度加尔各答开设了分号。山西商人最先打入了国际金融市场，展现了他们精明强干和勇于开拓的风采。

山西票号这时真可以说是生意红遍国内外。

（三）官商合作

在封建社会的环境下，晋商为了稳定自己的生意，扩大自己的产业，极力结交官府，与封建官吏建立起了一种互相勾结、互相利

票号内商人蜡像

用的关系。

张之洞曾离开京城为老母守孝，三年以后当他准备重返京城时，便想要谋取更高的官位。为了打通上下各个关节，张之洞拜访了日升昌票号，想借白银十万两，日升昌觉得数目太大就没有很快给予答复。张之洞又去了协同庆票号，这一次他获得了意想不到的热情款待。该票号的掌柜说："十万白银不算什么，为了您使用方便，不如立个折子，用多少，取多少，不用限定数字。"这让张之洞喜出望外。而掌柜之所以这样，就是为了拉拢张之洞，并且看看他究竟能出任什么官，

歙县古徽州的城门

借银也可以随机应变。协同庆果然打了一个如意算盘，当张之洞出任两广总督后，便把两广的财粮国税都交给协同庆解交，协同庆因此三四年就盈利百万两白银。

清政府为了巩固自己的政权，经常出兵南征北战。而每当财政紧缺时，政府就想到了山西商人的钱袋。于是，山西商人经常向政府捐献军饷。到咸丰三年年底，山西商人向朝廷捐献的军饷累积达到了二百七十万两白银。

1900 年，八国联军攻陷北京后，慈禧和光绪帝仓皇出逃。当慈禧的车经过山西时，大德通票号的大掌柜高钰最先知道了这个消息。他赶紧暗自准备，盛情款待了慈禧和光绪帝，并为他们筹措了四十万两白银的路费。果然后来慈禧给了大德通优厚的回报，她把由各省总督上缴给朝廷的款项交给这家票号经营。又将对外的赔款连本带息，约四十万两白银全部交给山西票号经营。

（四）诚信与重义

晋商的规模如此之大，跨越的时间如此之长，经营的地域如此之广。那么他们有着怎样的经商秘诀呢？有地域和血缘的因素，也有寻求政治靠山的因素，另外很重要的就

清代晋商使用过的算盘

中国钱庄（票号）博物馆一景

是晋商的学而优则贾。晋商的文化程度相比其他的商帮是比较高的。大商人不仅是商人，更是有学识的人，言传身教，治商有方，家族里也传承重教育的风气。

在历史的积淀中，晋商也形成了自己的商业文化——诚信与重义。

山西显富的乔氏家族中，流传着这样一个故事。乔氏家族的先祖乔贵发从小就是个孤儿，家境贫穷，生活条件很不好。就在他孤独无依的时候，村里有一个姓程的女孩子，常常在生活上对他有所接济。后来乔贵发为了改善生活境况，像许多无法维持生活的人一样远走西口。年复一年，岁月悠悠，二十年后乔贵发攒下了不少钱，荣归故里。而那位姓程的姑娘正过着穷困的守寡日子。乔贵发听说以后，马上找人做媒，娶了这位姓程的女子。还为她盖起了一座四合院。日后占地面积八千七百平方米，宏伟气魄，有三百多个小屋的乔家大院就是在这座四合院的基础上建构起来的。

晋商使用过的印章等文物

1900年，八国联军侵略北京。一时间城内兵荒马乱，人心惶惶。尤其是王公贵族、大户人家都仓皇出逃。在如此紧急的关头，为了保全性命，这些人都来不及收拾家中的金银财宝，只随身携带了山西票号的存折。逃往山西，纷纷要求兑换白银。战争是对票号生意最具威胁的打击，在这次战乱中，山西票号北京分号的银子早被侵略者无耻地抢得一干二净，就连账本也被烧毁了。难题出现了，没有账本，就不知道都有谁在票号里存过白银，更不知道存了多少。在这兵荒马乱的情况下，山西票号即使不兑换银子，等总号重新清理账目后再做安排也在情理之中。但是，诚信而重义的山西商人没有这么做，以日升昌为首的山西票号都没有这么做。不

"日升昌"信房牌

管是谁，拿了多大数目的票子，票号都一律兑换成白银。

可以想象，在那时局动荡的环境下，无数人拿着票子拥挤在票号门前，里三层，外三层。混乱不堪，甚至让人真假难辨。山西票号就是在这样的困境中展示了山西商人的胆识和信义。也许亏损，但总不至于家财荡尽；但如果不兑换，对一个个储户来说，就关系到身家性命。国难当头，怎能不舍利取义。

商海纷纭，重在一个"诚"字。战乱以后，山西商人当初的信义行为给他们带来了更多更大的商机。当他们的分号在北京重新开业时，不但普通老百姓纷纷将积蓄放心大胆地存入票号，甚至朝廷也将大笔的官银交给票号经营。

山西商团的诚信与信义令人赞叹，同时也伴随着山西商团走过了风风雨雨，铸就了数百年的辉煌。

但是再精明能干的团体，失去了祖国的庇护，也必然处在风雨飘摇之中。近代以后，外国资本主义势力的挤压如狂风暴雨，封建政府对内的压榨又如沉重的大山，辉煌的山西商团就在这腹背受敌的情况下解体了。

二、徽州商帮

（一）腰缠万贯的徽商

徽州商人，又称"徽帮"，形成于唐宋时期。我国古代理学的集大成者——朱熹，他的外祖父祝确经营的商店、客栈占徽州城的一半，于是得了一个"祝半城"的外号。祁门程氏兄弟经商发财致富，号称"程十万"。徽商在明代逐渐走向高峰，主要经营盐、粮、茶、布、典当、木材等行业。这时的徽商已经完全跨越了地域，遍布全天下，出现了百万级的富商。清代时，徽商达到了顶峰，出现了千万级的巨商。但由于封建统治的日益衰弱，徽商也不得已走向衰亡。

徽商可以说与晋商齐名，遍布全国各地。并且经营的品种特别广泛，有盐、棉布、粮、木、茶等。

明代嘉靖、万历年间，徽州的一些盐商拥有数十万甚至百万的资产。后来，徽州盐商的实力越来越壮大。乾隆南巡时，一名徽商就极尽奢华、大肆铺张、徘徊接驾，赢得了皇帝的欢心。徽商能以一介布衣的身份迎接巡游的天子，可见其财力的雄厚。

徽州人从唐宋时期开始，很重视粮食的经营，但当时规模并不大。明代中期，苏州、浙江一带的粮食需求量加大，善于经营粮食

徽州古村落呈坎村

徽州古村落呈坎村古建筑

产业的徽商便一下子扩大了规模。一个主要从事粮食贸易的商帮登上了历史舞台。乾隆时期，一位徽州商人经过汉阳地区时，碰巧赶上当地有灾荒，他一下子就在那里抛售了上万石米。

而麻布、棉布类更是成了徽商的垄断产业。苏浙盛产棉布的城镇，简直成了徽商的聚集地。他们有的以低廉的成本收购散棉布，有的开设布行。清朝在苏州、松江的几十家布行都是徽州商人经营的。生意逐渐兴隆的布商又把眼光投向更远处，他们在常州、上海也开设了布行。染出的布色泽鲜艳，备受

徽州许国大学士石坊

欢迎，为了提高声誉和防止假冒，每个布行还在布上印上自己的独家标记。有的布商一年甚至能卖出百万匹布。

徽州地区的茶叶贸易历史悠久，可以追溯到宋元时期。乾隆时期，徽州商人在北京开设的茶行达到七家，茶商字号达到一百多家，小茶店数千家。茶商的足迹遍布了汉口、九江、苏州、上海等长江流域的城市。明清时期茶叶更是远销海外。

另外值得一提的是徽州的木商，徽州山区盛产杉木，南宋时徽州人就开始做木材生意了。随着苏浙地区经济的发展，徽州山区的木材量已不能满足需要，徽州人便向江西、湖北、湖南、四川等地开辟货源。湘西德山镇的徽州商人络绎不绝，长年在这里管搬运的劳工达到几千人。木商的规模也很大，万历年间，北京修建乾清宫、坤宁宫，一位徽州木商便趁机请求采办"皇木"十六万棵，可见其货源广阔、资本雄厚。

徽州徽商故里碑

徽商在南宋时期萌芽，元末明初发展壮大，明代初具规模，清代乾隆时达到鼎盛，嘉庆、道光年间开始衰败，前后达六百多年，称雄三百年，贸易活动领域遍布全国各地，并且商品远销日本、东南亚各国以及葡萄牙等，在世界市场上占有一席之地。"无徽不成商"叫遍天下，徽商对市场经济和中国近代对外贸易的发展都起到了很大的促进作用，在中国商业史上占有重要地位。

（二）徽商好儒学

朱熹是我国理学的集大成者，是我国的一代大儒，而徽州正是他的故乡，有其他地方不可相比的儒学传统。受儒家思想影响也就成了徽州商帮独特的商业文化和伦理精神。喜好儒学的徽商，一方面促进了自己故乡的儒学繁荣，另一方面又借助儒学对商业产生了历史影响。

徽州古村落呈坎村

徽商以儒家的诚、信、义为商业道德原则，以诚待人、以信接物、以义为利，赢得了信誉，促进了商业资本的发展。这也是他们成功的一个秘诀。

成功后的徽商捐资建设书院，让少年学习儒术。明代徽州中进士的将近四百人，中举人的将近三百人；清代时，徽州仅一个县就出了近三百名进士、五名状元、两名榜眼、八名探花。一些商人在经商致富以后还放弃了商业，投身于科举。徽商这种亦儒亦商的商业传统可以说独具特色。

明代徽商郑孔曼，每次出门的时候都一定携带书籍，在做生意的间隙时间里阅读。他去一个地方做生意，每每不忘拜会当地的文人学士，与其结伴游山玩水，还写下大量的诗篇。他的同乡人郑作，更是喜欢读书，他出门做生意的时候，人们总是能看见他捧书拜读的身影。所以认识郑作的人提到他总是说："他虽然是个商人，但怎么看都不像商人的样子。"

（三）富有团队精神

徽商很强调血缘和地缘关系，这种观念使他们见到同乡时非常亲切，所以徽商很富

徽州古城绣球楼

有团队精神，他们以众帮众、相互提携。

徽州一个吴姓的家族里，长辈们就定下这样的规矩：凡是族中有不能读书的子弟，又没有田地可以来耕种的，如果出门做生意，那么有经验的长辈一定要帮助他，亲戚朋友也要帮助他，要保证他的基本生活，不能让他陷入困境或者走入迷途。

徽州流传这样一首民谣：有生意，就停留，没生意，去苏州。跑来拐去到上海，托亲求友寻码头。同乡肯顾爱，答应给收留。

在外成功的徽商，往往会照顾自己的亲朋好友一起扩大商业，会与大家共同分享，规模大的商人甚至能提携百家千家，生意小的也能提携几家、几十家共同走上富裕之路。

徽商的这种团队精神，也在商场竞争中形成了一个集体优势。

当然，徽州也会出现一些不顾乡亲之情的人，这时，族中的长辈就会谆谆教导："家族中世世代代都在徽州保存着祖墓，如果你背离了家乡，你的后代即使富贵也会在亲情上有所缺失。如果你商业上出现滑坡，就会陷入孤单的困境，你要想好啊。"这种道德说教和宗族的传统，使徽州商人具有很强的凝聚力。

当徽商凭借凝聚力在商场中形成优势以

徽州古村落牌坊

徽州古城

后，往往会变一般经营为垄断经营，收取更大的利润。当年两淮地区的盐业、北京的茶业、松江的布业等，都被徽州商人垄断。

（四）积极进取、百折不挠

天将降大任于斯人也，必先苦其心志……徽商在成功的道路上克服挫折，演绎了许多积极进取、百折不挠的动人故事。

乾隆年间，徽州歙县有个叫鲍志道的少年，他自幼聪慧，但因为家境不宽绰，11岁时就辍学走上了商业道路。当他离开家乡时，母亲把家里唯一的一文铜钱给了志道，对他寄予期望。志道下决心不让母亲失望，含泪

徽州古民居内景

踏上了征程。他一路乞讨来到了江西，帮人打工，后来下金华、去扬州，做些小生意。辗转奔波，作客他乡，这其中辛苦自然免不了。然而志道从没有退缩过，他心中一直有远大的梦想。

20 岁时，他时来运转，歙县一个大盐商急聘一名能吃苦耐劳、精通会计的经理，志道便前去应聘。第一天面试以后，大盐商让伙计给每一个应聘者端了一碗馄饨吃，大家吃完饭就可以回去休息了，准备第二天的考试。然而第二天的试题却让大家目瞪口呆，大盐商问道："请回答你昨天吃的馄饨共有几个？有几种馅？每种馅又各有几个？"许多人都追悔莫及，但志道却凭借十来年在商业路上摸爬滚打的经验，早就对那碗馄饨有所留心。最后，机会垂青了有准备的人，他被录用了。上任之后，他刻苦学习，吃苦耐劳，商业素质迅速提高。当他有了积累之后，辞去了经理职务，决心创立自己的事业。他选择了自己熟悉的盐业，依靠个人的优秀品格和丰富的经验，很快使事业走向成功，家资积累巨万。

徽州古村落西递

曾经的辛酸，化作今日的成功；曾经的苦累，变作今日的辉煌。这种迎难而上、百折不挠的精神怎能不让人敬佩。

另外一个叫做"一文钱"的动人故事，是有关一个苏州布店的来历。

曾经，有两个年轻的徽州商人，姓名已经不能考证，就称为甲乙二人。他们结伴去苏州做生意，但是刚到苏州两个人就沉迷于苏州的繁华，拿着钱寻欢作乐，任意挥霍，忘记了来苏州的目的。一段时间以后，两个人还沉醉于苏州的灯红酒绿时，身上带的银子已经花光了。他们只能靠乞讨维持生活，这时两个人才开始后悔。到了年底，看着别

徽州歙县街景

人开始准备过年，他们却没有脸面回家见父老乡亲。

悲伤之余，甲从口袋里摸出一文钱，使劲扔在地上说："曾经那么多的钱都被我们挥霍了，只剩下这一文钱，有什么用呢？不如扔了算了。"乙此时忽然闪过一个念头，他赶忙去捡起那一文钱，说："这是我们仅有的一文钱，我们得珍惜啊，说不定我们凭借它能时来运转呢。你等会，我去去就来。"甲仍旧有些低落，就没说什么。一会儿，乙带着许多竹片、稻草、旧纸和鸡鸭毛回来了。甲好奇地问："你这是做什么呢？"只见乙魔术般地拿出一袋面粉，和水调匀成糨糊，然后用草把竹片绑住，外面蒙一层旧纸，在旧纸上用糨糊粘满鸡鸭毛，一只逼真的禽鸟就做出来了。甲惊奇地问："我们现在露宿街头，只能喝西北风，你还有心思做这种小玩意？"乙只顾笑不说话，继续做着各种各样的禽鸟，一晚上就做了二三百只。

第二天一大早，乙就把甲喊起来，带着昨晚上做的禽鸟来到了附近的热闹集市。游人越来越多了，甲乙二人把禽鸟摆好以后，女人孩子看见这些禽鸟做得如此逼真都抢着购买，一天的功夫这二三百只禽鸟就卖得一只不剩，净挣了四五千文。这时甲才佩服起乙的心灵手巧，他也忽然想起一件事情，问道："昨晚我扔的那一文钱，你拿去做什么了？"乙笑一笑说："竹片、稻草、旧纸、鸡鸭毛这些东西都是我在街上捡的，你那一文钱我用来买面粉做糨糊了，你看，都用来粘鸡鸭毛了！"二人开心地笑起来。

后来，两个人努力进取，采购了各色纸张、鸡鸭毛，晚上一起做花、鸟、人、兽，白天一起去叫卖，两个月下来，居然挣了三百万文。有了资本，这两个人便商量正规地做生意了，

徽州古村落西递景色

徽州古城墙

就选择了苏州布业最发达的地区开设了一个布店，并在布店的门牌上写了三个大字"一文钱"，表示对那误入歧途的艰苦岁月的铭记。据说这家布店历经二百年仍然生意兴隆。

徽商的动人故事还很多，正是他们这种积极进取、矢志不渝的勇气和坚韧，书写了一段段辉煌，留下了一段段佳话。

三、山东商帮

孔孟之乡——山东

（一）独占北方的山东商帮

山东商帮也称作"鲁商"，在十大商帮中虽然不像晋商、徽商那样富甲天下，但也独占了北方的优势，在东北地区更是占尽地利、人和。山东商帮在兴盛时期控制了北京乃至华北地区的绸缎布匹、粮食销售以及餐饮行业等，可以说是纵横"商场"，声名显赫。

山东人的性格特点就是直率淳朴、单纯正直，那么由山东人组成的山东商帮也同样具有直截了当的特点，他们很讲究商业道德，重信义，重商业规范。这就是山东商帮的致富道路，没有什么特别之处，但落实到实际，

山东淄博周村

总是让人有种很实在、很踏实、很放心的感觉。山东商帮有两种主要的商业经营方式：长途贩卖和坐地经商。山东商帮并非晋商的"学而优则贾"，也并非徽商那样"贾而好儒"，山东商帮是好的地区的人也经商，不好的地区的人也经商。并且商人之间经商的动机和条件彼此相差很大。大多由封建性的商人组成，如大官僚、大地主、大商人。

山东商人的经营方式有独资与合资两种。资本雄厚的大商人往往会采用独资的方式，也有一些资本较小的小商贩。在买卖中，他们都讲求信义，按规定办事，给人留下很好

山东周村烧饼远近闻名

的印象。合资经营者与今天的股份公司有类似的地方，会先立下一个合同来表示守信用。这是山东商帮的特点，也是山东商帮的独特经商武器，由于他们特别善于规范自己的商业行为，所以外地的商帮没有贬低山东商帮的。山东商帮不仅在大事上严格要求自己，在小事上也很注意约束自己的行为，他们践行了"细节决定成败"的商海品格。

山东省淄博市的周村，有"天下第一村"的美称，还享有"旱码头""金周村""丝绸之乡"的美誉。电视剧《大染坊》的故事就取材于周村。周村自古就是商业发达的地区，明末清初时与广东的佛山、江西的景德镇、河南的朱仙镇并称为中国四大"旱码头",后来形成以镇中大街为中心的古代商业街市。这是许多山东帮老字号的摇篮,北京著名的瑞蚨祥绸缎庄就发源在那里。

山东周村旱码头

(二)闯关东——开辟新天地

早在明代,东北就与关内贸易关系密切,清代实行贸易开放政策,山东商人出入东北更加频繁。据记载,乾隆十三年仅仅在宁古塔、船厂两地的山东贸易佣工就达到了三四万人。开始的时候山东商人并不带着妻儿老小,仅仅是去东北做生意。后来政策开放以后,山东商人逐渐开始定居东北,"每年去东三省贸易之人有五千余人",山东商人是主要组成部分。在闯关东的山东商人中,又以今山东龙口市的商人最多。据史料《黄县故事》的记载,东北三省简直就是黄县人的第二故乡了,从大都市到小屯子、小窝棚,到处都是黄县人的身影,黄县人在东三省的商场纵横驰骋,商绩辉煌。在佳木斯的桦川县,山东商人竟然占了整个县人数的百分之七十,使该县留下了"小黄县"的别称。康熙年间,黄县单家村的兄弟二人,在盛京开设了一个跨行经营的作坊，经过积累，在清代超过了奉天城所有的商家，拥有最大的规模、最全的货物。

百年之后，在东北各城市的商业中，山东商帮已经是首屈一指。清代的时候，营口和大连已经有了商会的雏形，叫"公议会"。公议会由商业界的著名人士组成，控制着整个城市的工商业。1904年，山东商人在大连的公议会里占一半。1905年，山东商人在营口的公议会里占三分之一，他们经营油坊、粮食、杂货等，后来粤商在当地经营失败，退出了公议会，山东商帮的权力就更加大了。清末的时候长春的大小商铺有一千二百多家，其中的当铺、绸缎、粮业几乎都被山东商帮

山东龙口古宅

垄断。清末的哈尔滨有四千多家商埠，油坊、绸缎、烧锅、皮货等实业性质的山东商号有五百多家。到了民国初年时，哈尔滨商会的会员有二十人，竟然全是山东人，成了不折不扣的山东商会了。

瑞蚨祥绸布店

（三）讲求细节的鲁商店铺

山东商帮讲求商业道德，重信义，讲求细节，严格要求自己。山东商人在历经磨砺之后，开辟了自己的一片天地，留下了许多誉满全国的百年老店。

瑞蚨祥绸布店就是鲁商经营的一家老字号商店。它的创始人是山东章丘的孟洛川，随着经营规模的不断扩大，逐渐从章丘到周村，再到烟台、青岛、天津、上海、北京。这家店铺充分体现了鲁商的经营特点：严格而规范。首先，在货物的来源上，孟洛川为了保证布匹的质量，对所进货物的花色、规模有严格的要求，验货时更是仔仔细细、一丝不苟。他们不仅要检查质量，对布匹的花色、幅宽、长度、分量也都一一验收，如果厂家提供的货物有一项不符合他们的要求，他们不但退回货物，还要索赔损失。第二，他们重视店面以及员工的形象，瑞蚨祥有自己的

瑞蚨祥绸缎庄

店规：售货人员一律穿长衫，不能吃味道很重的食物，不能与顾客吵架，相互之间不能聊天，不准吸烟喝酒等。第三，在与顾客打交道时，更要力争让顾客满意，奉行顾客至上的原则。

瑞蚨祥的这种讲求细节的规范做法，为他们赢得了越来越多的顾客。

北京前门的正明斋饽饽铺也是山东商人经营的一个百年老字号店，历经风风雨雨，依旧辉煌。正明斋饽饽铺依然体现了山东商人讲究细节的商业品格。

这家店是一个叫孙益增的山东商人

于1864年在北京开设的,可以说是管理有方。首先,店铺为了让员工尽职尽责,给予了员工很优厚的待遇,除了固定的工资,年底都有分红。第二,商铺的货物品种齐全,他们按照季节来生产糕点并决定样式。第三,他们在选料上也非常精细,博取各地精华,绝不以次充好。薄皮核桃要山西的,小枣要密云的,桂花要云南的,山楂只要北山的等等。第四,他们的糕点不仅味美,同时包装讲究,美观大方,给顾客留下了很好的外观印象。

东兴楼饭庄

在餐饮业上,山东商人依然干得很出色,东兴楼饭庄也是一个注重细节的成功酒楼。这家饭店创建于光绪二十八年,有着严格的管理制度。首先,店主规定菜要做得清、素、鲜、嫩,油不能过多。其次,采购菜的人要做到选料精、制作细、质量高。第三,酒店的布置也有一番名堂,桌布是花布,筷子是象牙筷,勺子是银的,碟子是蟠龙花纹的。第四,他们也要求员工不能聊天,不能随便离开岗位。

这样严格的管理制度,使得东兴楼常年顾客盈门,甚至有些外国商人也经常光顾。年盈利达到四五百万两银子。

四、龙游商帮

浙江衢州龙游风光

（一）浙西山区崛起的商帮

龙游商帮是历史上的一个奇迹，它崛起于浙江西部的山区，既没有官府的支持，又没有强大宗族势力做后盾，但却逐渐聚集了大量资金，在商业上立于不败之地。号称中国十大商帮之一，有"遍地龙游"的佳话。

龙游商帮并不仅仅指龙游一个县的商人，而是指浙江衢州府所属龙游、常山、西安、开化和江山五县的商人。由于龙游商人的数目最多，经商手段最为高明，就以"龙游商帮"为名，也称"龙游帮"。

晋商富甲天下，经营票号，在金融业上叱咤风云；徽商则垄断盐业，扬名四海。但龙游商帮却低调处世，他们在埋头苦干、不露声色中悄然占据了珠宝古董业的头把交椅，同时从事印书、刻书和贩书业，在海外贸易中也占有一席之地。

龙游的珠宝业十分发达

龙游商帮的经营行业很广。他们的造纸业一般以作坊的形式生产，同时自己负责销售。龙游的溪口镇是纸张的生产和销售中心，成品远销江苏一带。书商一般是有文化基础的文人学士放下架子，来从事商业活动。粮食商也不甘下风，年销量一千二百万吨。山货业就以当地的产品为货源，年产各类油十万多斤，远销全国及东南亚各国。丝绸棉布商也声名显赫，远销到湖广一带。珠宝商是赫赫有名，他们在全国独占鳌头，据古书记载，龙游的珠宝商人只身一人带着价值千金的明珠翡翠、宝石猫眼，来到京城买卖，却能做到掩人耳目、踏雪无痕。可见他们不但资金雄厚，还具有很高的文化和随机应变的能力，处事谨慎，才得以躲过被盗被劫。长途贩运业也是他们的强项，当时的一名龙游商人把丝绸远销到了湖北一省十五郡，占据了全省的销售市场。

龙游商帮里也有儒化的商人，比如大书商童佩。童佩就出生于一个贾儒兼备的家庭，

龙游有许多儒商，以藏书、印刻等为喜好

他的父亲是一位儒雅的商人，经常坐船去吴中地区贩书。童佩从小聪慧伶俐，勤奋好学，做得一首首好诗词，写得一手好文章，连明代的"唐宋派"学者归有光都称赞他的诗文，当时的"文坛盟主"王世贞称他为自己的"千古知音"。童佩喜好藏书，只要看见珍奇的版本不管花多少钱都要买下来收藏。可以说童佩是一个集收藏、鉴赏、考证、校勘、印刻、销售于一身的明代儒商。

龙游商帮一度辉煌，然而终究抵挡不了历史的进程，鸦片战争以后，新增开了五处通商口岸。由于近代海洋文化的兴起和海外贸易的发展，新兴的上海、宁波、潮汕、厦漳等地的商帮渐渐兴盛，而龙游、徽商、晋商等传统商帮渐渐衰退。

（二）龙游商人闯西部

与其他商帮相比，龙游商帮的一大特点就是富于开拓精神，敢于离开故土，闯荡他乡。龙游商人在南宋时期初露头角，至万历年间已分布于全国各大市场，呈现"遍地龙游"的局面。康熙乾隆年间，龙游人大多外出经商，踏遍天涯海角，长大后仍留在家里农耕的仅占十分之三。这种敢于闯荡打拼的精神在各省市中也是少见的。

　　龙游商人也是最早把商业的气息带入西部的商坛劲旅。他们舍弃了经济发达的长江三角洲和珠江三角洲，而踏上了遥远艰苦的道路直奔黔、晋、滇、蜀等西部地区，对民族关系的融合和西部的经济发展做出了很大贡献。当然龙游商人最初也没想到他们不远千里来到西部有这样的历史意义，他们是有长远目光，有雄心气魄的商人，他们看出了江南、华南、中原地区的商场已近饱和，拓展的空间是有限的，于是克服了长途跋涉、艰苦生活、水土不服、语言不通、生活习俗不同等一系列困难，扎根在西南地区。据史

浙江衢州风光

料记载，龙游商人李汝衡的丝绸生意做遍了楚地十五郡；童巨川和他的弟弟在边界做贸易成为巨富……

龙游商人的经营理念也非常先进。他们来到贵州云南少数民族地区以后，在少数民族聚居地区从事屯垦事业，把先进的农业生产技术带到了西南。龙游商人会利用自己雄厚的资金，雇佣当地的劳动者轮流开发垦拓。同时他们将土地作为资本来经营，采取农业雇用制度来经营经济作物，最后把收成的农产品作为商品投放到市场中。这一举动非同小可，这意味着把商业资本转化为农业产业资本，具有历史转型的意义，代表着新的生

龙游的丝织品

龙游风光

产方式的诞生。

后来，明政府怕人口的流动会影响边界的社会治安和粮食供应，便强制在边界的人回迁。这无疑对龙游商人的西部边界生意有一定影响。

总之，龙游商人把商业的气息带入了西部，这有着很大的历史贡献，他们是历史上最早开发西部的人。他们超越同时代的人，利用了自身的知识和才干，透视商场信息，远走他乡，以先进的理念和经营方式脱颖而出，是商界历史上的一座丰碑。

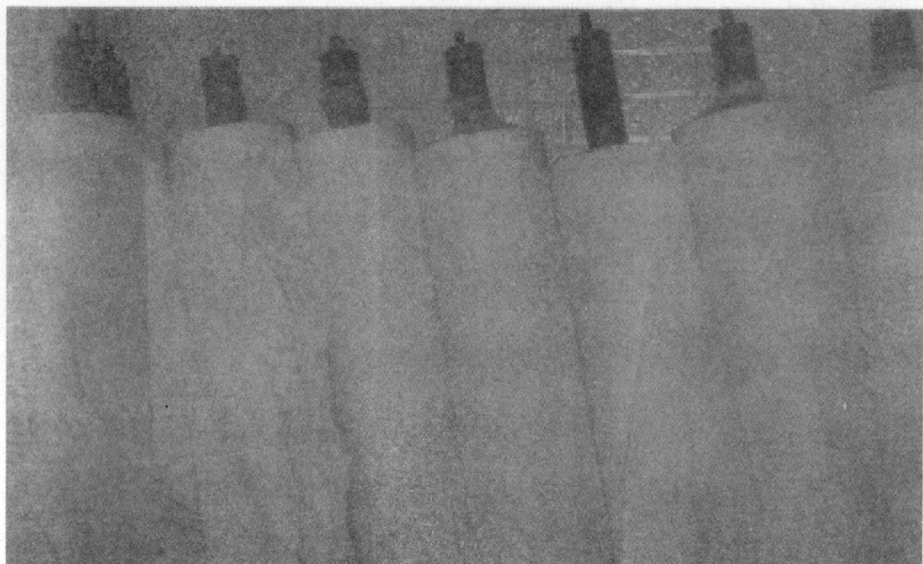
纯棉布

（三）龙游精神：诚信、闯天下、胸襟宽阔

商场自古以利润为目的，但精明的龙游人深知，欺诈造假只能蒙骗一时，不能长久立足于商界。所以龙游商帮主张诚信为本，以义取利，这使他们在商场中获得了很好的口碑。以诚实守信作为商业道德，是龙游商帮成功的一个秘诀。

龙游著名的姜益大棉布店一向以信誉著称，做到了童叟无欺、绝不二价，还经常薄利多销。难能可贵的是，他们在商业中为顾客的利益着想，为了防止有银元掺假，棉布店不惜出钱聘请了三位有经验的验银工在店里严格检查，凡是经过他家的银币都盖上了"姜益大"的印章，保证顾客放心。店主也不以短期盈利为目的，为了信誉，有时愿意承担暂时的损失。

　　龙游商人傅家来开设的傅立宗纸号，更是一个典范。他们在每个造纸环节上都严格检查，精益求精，所造出来的纸在同行业里为上乘，坚韧白净、均匀整齐，次品宁可销毁也绝不出售。还在纸上面加盖了"西山傅立宗"的印记，以求对顾客负责。这种信誉至上的商业品格使这家纸店的产品远销大江南北，经久不衰。

古代造纸图

明代，许多龙游商人聚集在云南姚安府

　　龙游的闯天下精神历史上少有，难能可贵，明代万历年间流传有"遍地龙游"的俗语，可见他们的足迹遍及全国，经营区域非常广阔。龙游商人不仅活跃在北京、江南、湖南、湖北和福建等地，还深入到了祖国的西北、西南等偏远地区。据古书记载，明代成化年间，聚集在云南姚安府的龙游商人数目近五万人。这种不畏艰险、离开家乡、开拓进取、闯荡天下的精神让其他商人自叹不如。

　　如果问哪个商团最具开放胸襟？非龙游商团莫属。龙游商团的形成与血缘地缘密切相关，理论上是应该有排他性的，但他们却有着兼容并蓄、海纳百川的精神，能容纳其他商帮的商人，令人赞叹。明清时期，有许多外籍商人都来到龙游地区经商，有的还加入了龙游商帮的行列。这些外籍商人有的来自浙江的遂昌、兰溪、义乌、处州、绍兴、宁波，有的来自徽州府所属的各个县城，还有的来自江西、福建。龙游商人没有实行垄断策略，反而融合了徽商、粤商、苏商、浙商、闽商和赣商，其大气十足可见一斑。

　　近代的交通变化和战乱，使龙游商团很快退出了历史舞台，但其曾经的辉煌商绩却永不泯灭。

五、洞庭商帮

（一）洞庭东西山的商海传奇

洞庭的东西山位于苏州市西南的吴县境内。洞庭东山是一个伸向太湖的狭长半岛，地形与地中海北岸的亚平宁半岛相似。洞庭西山在太湖中，也就是古代的包山。此地风景秀丽，一年四季鲜花遍地、硕果累累。东西两山现在分别为吴县市东山镇和西山镇，两镇面积分别为八十和九十平方公里，长期以来甚至连设县的资格都不具备。但是这样一个狭小的太湖两山的行政区内，却地灵人杰。

据说，在两千多年前，越国大夫范蠡在帮助勾践打败吴国之后，明哲保身，携西施

洞庭西山太湖大桥

明代大画家唐寅（唐伯虎）像

泛舟太湖，就在此地打鱼隐居。

　　明清两代，洞庭东西山盛产才子，共出过状元两人、探花一人、会元两人、进士四十人，大家耳熟能详的一代风流才子——唐伯虎也出于此地。

　　19世纪到20世纪，一个雄心勃勃的商帮从这里诞生了，在传统商海中注入了现代商业霸气，这就是洞庭商帮。洞庭商帮是特别的，在中国古代著名的十大商帮中，洞庭商帮是唯一一个以县以下的一两个乡命名的商帮，由苏州吴县管辖下的东山人和西山人组成。

　　洞庭商帮又叫做"洞庭帮""山上帮"或"洞庭山人"，明代苏州的小说家冯梦龙在他的小

洞庭东山文德堂

说集《醒世恒言》里记载了洞庭商帮的情况：
"两山之人，善于货殖，四方八路，去为商为
贾。"所以江湖上有个口号，叫"钻天洞庭"。
称为"钻天"，非同寻常，连无路可上的天庭
都有本事去经营，洞庭的东山人和西山人可
谓是商海的健将。谁都知道徽商资本雄厚，
活动范围广，经营能力强，民间流传一句俗
语叫"钻天洞庭遍地徽"，在这里唯独把洞庭
商帮与徽商相提并论，可见洞庭商帮的影响
力之大。

（二）洞庭商帮的特点

聪明的商人都知道该如何扬长避短、审
时度势。明代晋商和徽商在盐业和典当行业
叱咤天下，精明的洞庭商帮避开竞争的强锋，
选择了洞庭湖天时地利的商业条件，做起了
米粮和丝绸布匹的生意，并逐步建立了自己
强大的商业势力。

洞庭商人经营手段高超，连现代的商人
都需揣摩。他们对市场的信息特别灵敏，对
行情也很有预见性。还能非常变通地根据具
体的情况采取特殊的经营方式。洞庭商帮的
可贵也在于他们能打破传统，充分考虑市场
行情和商品交换的变化情况，及时调整自己

的经营特点。所以说洞庭商帮是非常具有现代谋略的商帮。

更值得一提的是洞庭商帮善于与时俱进，调整开拓自己的商业活动。鸦片战争以后，洞庭商帮把重心放到了金融中心上海，创办了买办业、银行业、钱庄业等金融实业和丝绸、棉纱等实业，他们走了一条与以往都不同的商业道路，诞生了一批民族资本家，完成了由商业资本向工业资本的转型。

（三）洞庭辉煌

洞庭商帮在明代万历年间初步形成，从洞庭东西山走出了无数纵横商海、家财万贯的巨富。生于东山的文人在史书中记载了明清洞庭商人的辉煌商绩。

生于东山的商人翁篷，字少山，经营布匹，人称"翁百万"。他经商数年，名声非常大，人常说"闻其名，非翁少山勿衣勿被"，即不是翁氏的布，就不买来做衣做被，可见他的影响力之大。他去世以后，当时的苏州状元、朝廷的大学士为他的生平作传，在我国重农轻商的封建社会里，一个商人获得如此殊荣可见他的名声与影响。

另一席氏的商人世代经商，家底逐渐丰厚，到了清代康熙南巡，巡幸到洞庭东山的时候，席氏家族的后代以地方绅士的身份迎驾。更让席家感到皇恩浩荡、光宗耀祖的是，当今圣上驾临东山时就歇脚于他们席家的东

"海纳百川"石牌坊象征了洞庭商人的宽广胸怀

园，这真是让他人望尘莫及。

东山的葛氏在徐淮一带经商，东山的叶氏在元朝末年就在淮上经商，后代在开封经商。东山的施氏早在明代时就在淮扬经商。

东山如此，西山商人却相比之下有着一个洞庭湖情结，他们中许多人都聚集在洞庭湖畔经商。

洞庭东山陆巷古村一景

西山沈氏因为家贫，在荆湖经商十余年，家境逐渐富裕。

西山秦氏，从事贩运贸易前后达二十年，家境殷实。

西山郑宜诚、郑以杰在潇湘云梦间贩运，数年就拥有了上百万的资产。

西山孙氏在湖广一带贩米，兄弟三人共同创业，经营数载，家境富饶。

（四）一代商业巨子——席正甫

上海在近代被西方人称为冒险家的乐园，而其中最冒险的领域莫过于金融业，在上海操纵金融业更不是常人可以浅尝的。20 世纪 30 年代，上海一直占据着中国和远东地区金融的鳌头，东京、香港都不能与之相比，它庞大的金融体系和细密的金融网络，牢牢地把中国的经济握在手中。上海的每一天，看

上海汇丰银行新貌

似天高云淡，却有无数巨资在这里集散、吞吐。当时操纵金融业的是外资银行，但外资银行由于语言、币制还有商业习俗的不同，不能方便地与中国商人进行沟通，于是雇佣了大量买办，作为中西方商业贸易的桥梁。

时势造英雄，洞庭东山的席正甫就在这样的时局下，一手造就了旧中国最著名的金融豪门，传统的文人气质中融入了一股现代商业的霸气。席家从席正甫开始，祖孙三代以及女婿共十四人，先后担任了上海二十多家有影响的外资银行的买办，成为势力最庞大的金融买办家族，谱写了中国商业史上一段具有传奇色彩的华美篇章。

在明代，席家就是洞庭东山的商业望

族，祖先是贩卖布匹的富商。太平天国的起义使席家从秀美的江南迁居到了冒险家的乐园——上海，没想这一迁就迁出了一代商业巨子——席正甫。

席家花园

1853 年，年仅 19 岁的席正甫就在上海开始自己的创业之路，他当过学徒，搞过经营，不久又办起了自己的钱庄。随着阅历的积累，两年后，经人介绍，席正甫有机会进入了汇丰银行任副买办。这对他来说，是一个有重大意义的机遇。

1874 年，席正甫代表汇丰银行买办王槐山与清政府商谈福建台湾海防借款事宜，最后，汇丰银行以比当时高得多的利息，借给清政府二百万两十年期借款。这笔贷款的成功，是汇丰银行政治贷款的第一例，解决了财政问题，席正甫也从此树立了威信。后来席正甫表现出色，终于成为了汇丰银行的买办，开始了他更加辉煌的事业之路。他刚上任就做了一宗五百万的大交易。他与李鸿章签订了借款合同，这笔交易以全国的盐税作担保，银行收回利息，买办从中赚得许多回扣。席正甫这一举名利双收。之后，清政府在近代战争中不断战败，席正甫便顺应时事与朝廷做起了买卖，经常把巨额银两借给清政府，这实在是汇丰银行的一大创举。席正甫也由此成了朝廷的二品官员。

席正甫在政治道路上走出了很辉煌的一步，但他仍以商业为本，做官只是名义上的政府官员，并不去北京任职管事。他有两种身份，一个是汇丰银行的买办，一个是清政府的二品官员，他以这两种身份把汇丰银行的业务做得有声有色。这使得他在汇丰银行地位的非同寻常。19 世纪 80 年代，汇丰银行另外一个高层管理者在工作上与席正甫发生冲突，席正甫一气之下辞去了职务，吓得汇丰总行急忙来信挽留，同时撤换了那个高层管理者。

席正甫在汇丰做得有声有色，还逐渐控制了上海的钱庄。近代以来，上海开了通商口岸，外商资本不断进入，外商凭借政治上的靠山和金融上的强大实力很快控制了上海本土的钱庄。他们掌握着钱庄的根本命脉，既控制信誉又控制流动资金。而席正甫改变了这一时代面貌，从他当上汇丰的买办以后就利用汇丰的影响和手中的权力，使汇丰银行起到了外商银行和各个钱庄之间"总清算"的作用，从而一手控制了上海所有的钱庄。

汇丰银行上海分行第一任买办王槐山

六、陕西商帮

（一）陕西的辉煌

陕西省是中华文化的一个重要的发祥地。据史书记载，我国曾经有十三个王朝在陕西建都，陕西多次占据了中国政治、经济、文化的中心地位。先进的政治文明和优越的地理环境使这片土地也为历史贡献出了一个源远流长的商业帮派——陕西商帮，又称秦商。

陕西商帮在中国的文明史上写下了灿烂的篇章，流传青史。陕西商帮的对外贸易历史悠久，商业活动可以追溯到公元前七百多年。明清时期，陕西商帮跃居中国十大商帮，在漫长的五百年岁月里独霸了中国西部的贸易通商。

陕西西安街头

明朝时期，中央政府为了巩固边防，在陕西等地实行了一系列特殊的经济政策，比如"食盐开中""茶马交易""棉布征实""布马交易"等。这为陕西商帮的崛起提供了历史机遇，他们发挥了自己在地域和物产上的优势，形成了以西北、川、黔、蒙、藏为势力范围，以泾阳、三原为中心的商业资本集团，主要做贩运茶叶、食盐和布匹的生意。陕西商人以雄厚的财力留下了"西秦大贾""关秦商人"的美名。连明末清初的科学家宋应星也为之赞叹："商之有本者，大抵属秦、晋与徽郡三方之人。"宋应星将陕西商帮与晋商、徽商相提并论，陕西商帮的影响力可见一斑。

陕西商帮的崛起，可以说是陕西几千年商业经济和商业文化的历史积淀。陕西商帮组成复杂，汇集了士、农、工、商各个阶层。明清时"走西口"从事边境贸易的陕西商人中还有许多是弃儒经商的士人君子，他们也积极地参与了商业活动，将知识应用于经商过程，以谋略取胜。

历史上，陕西商帮对我国西部经济的开发起到了巨大的推动作用。他们在明代垄断了兰州、西宁等地的茶、布匹、盐、药材和皮货等。清朝以后，陕西商人将生意做到

陕西商帮的崛起与陕西厚重的历史文化积淀有着密切的关系

了四川，他们在清初百余年间几乎掌握了四川的经济命脉，不仅垄断了四川的井盐生产，还逐渐把势力扩张到了云贵等地。

清代，陕西商人可以说达到了顶峰。他们的产业较明代有了蓬勃的进展，他们的经营范围向北达到了乌鲁木齐、伊犁，向南达到了佛山、上海等地。和许多商帮一样，陕西商人成功以后将大量的财富带回了故土，使得陕西本土的商品经济得到了快速的发展。陕西地区在明清时期堪称全国经济最发达的地区之一。

陕西商人虽辉煌一时，但他们却终究没有脱离农村、融入城市，当近代受到外来资本冲击时，陕西商人的保守使陕西商帮迅速瓦解，成了十大商帮中最先瓦解的商帮。面对新的历史形势，与时俱进者存，循规守旧者亡。陕西商帮没能适应分化、改组，在两淮盐场中被徽商击败，本土市场被晋商占领，四川的井盐业在战乱中迅速下滑。最后，清末多发的战乱促使陕西商帮走向了衰亡。

黑井古镇古盐池铜牛像

（二）陕西商帮的创业精神

陕西商帮有陕西人的性情，也有陕西人的商业品格。陕西农村流传着许多俗语，比如：

"天上下雨地下滑，自己跌倒自己爬"，又有"生意要勤快，切勿懒惰，懒惰百事废；用度要节俭，切勿奢华，奢华则钱财竭"。这些俗语体现了陕西商人顽强自立、艰苦奋斗、勤俭节约的传统美德。

陕西商人善于抓住难能可贵的历史机遇。早在春秋战国时期，陕西商人就对诸侯的贸易自由政策迅速地做出了反应，赶上了第一次商业致富的浪潮；隋唐时期，政府的对外开放政策更使陕西商人如鱼得水，充分利用了丝绸之路的便利条件，再次积蓄了实力；明清时期，陕西商人更是没有错过政府的"食

古代陕西商人充分利用丝绸之路的便利条件，把握商机，壮大钱币生意

盐开中""茶马交易""随军贸易"等政策，一反陕西省地处边境的不利地利条件，成为中国历史上最早形成的商帮，以雄厚的实力，垄断中国东西部贸易通商长达五百年之久。

陕西商人能吃苦耐劳，勇于开拓。我国西部的生活非常艰苦，但也不能阻挡陕西商人经商的脚步。他们的足迹遍布甘肃、四川、云贵。道光年间，朝廷官员出使新疆，来到了茫茫的戈壁里一个名叫"一道泉"的地方，只看见一个瓦屋小店独立于天地间，进店休息，才知道老板为陕西三原人，早年随军贸易流落于此，在千里戈壁中生活了三十多年，是这一带唯一的一户人家，所以这个小店也就起名为"一道泉"。

商场以追求最大的利润为目的，但陕西商人深知贪图一时的钱财不会得到永久的利益，他们童叟无欺，从不二价，留下了"人硬、货硬、脾气硬"的美名。他们的布匹价格不低，但质量上乘，货真价实，所以常常被抢购一空。陕西商人在富平地区更是营造了一个被称为"直镇"的市镇，这里做生意讲究君子一言，驷马难追，言无二价，所以叫"直镇"。

因为陕西商人中有许多弃儒经商的士人，所以运用知识谋略也是陕西商人的一大特点。

无论多么艰苦的环境，都不能阻挡陕西商人经商的脚步

他们不讲究谋一隅而讲究谋全局，不讲究谋一时而讲究谋万世，他们气魄宏大，非常注重在商业经营中运用自己的智慧，从大处着眼，透视市场变化的规律，在战略上高人一等。

坚忍不拔更是陕西商人取得成功的一个根本所在。他们能吃苦，遇到任何困难都能够奋力去解决，让人钦佩。清代乾隆年间，成都的陕西商人打算修建一个"陕西会馆"，但是当地的士人却百般阻挠，说会馆可以盖，但是却不允许动用当地的一抔黄土，以免风水外泄。面对这样的苛刻要求，陕西商人没

陕西会馆

有退缩，他们拿出了无比的坚韧与毅力，回到了自己的故乡西安，经过千里巴蜀古道，硬是把家乡的黄土背到四川，盖起了华丽的陕西会馆。

陕西商人拥有这么多优秀的商业品格，但又能做到富贵后而不奢侈，继续保持朴素的生活作风，热心公益，淡泊自守。陕西商人的创业精神在今天仍值得发扬。

（三）钱如潮水的关中巨富

由于经商规模庞大，明清时期的陕西巨

高家大院内景

赵家大院门口

商的富裕程度是令人震惊的，他们腰缠万贯，号称"盖省财东"。这些富豪在历史的长河中留下了许多故事。

郭镇的贺家是清代陕西有名的财东，贺家实力非常雄厚，甚至老板说一句话都能左右陕西的金融。他们家在四川、兰州、新疆都有字号，做皮毛、茶叶生意，另外各地还有许多商铺，老板出门到各地查看都不用住别人家开的店铺。贺家的主打产业要数典当铺，他们在陕西和西北地区共开有三十六家当铺，每一当铺同一街上设有两个钱铺，也就是共有七十二座钱铺。在那个年代，办一家当铺至少需要上万两白银，可想而知贺家的银子何其多！贺家别出心裁，把当铺开得类似于今天的连锁店，在建筑外观上保持全国一致性，用自己的木料、自己的工匠修建而成。

贺家将大量的白银带回故乡后，买了许多地，方圆几里都成了贺家的产业，连阳郭镇到县城的路都从此改姓贺。贺家洼的九条巷子，十里都被贺家盖满了。贺家还在故乡修建了中国历史上少有的私人会馆，为各地当铺的掌柜回乡汇报情况提供便利。

回顾历史上的陕西巨富，不能不提到渭

南孝义镇的赵家。赵家把握了明朝"食盐开中"的政策，力农致富，家产达到了数百万。清代主要是经商取财，一门九户，全是富裕家庭。经营种类很多，有盐业、布店、当铺、茶庄、粮店等。生意也做到了西安、咸阳。清末四大谴责小说之一的《官场现形记》就是从孝义镇赵家的一个后代中状元写起，可

高家大院院内一景

渭南韩城党家村民居

见赵家在全国的影响之大。赵家的富裕令人瞠目结舌——每年从外面运回银子的时候都是人挑马驮、成群结队。有一年赵家往回运银子，先头的队伍已经进了赵家大院，而队尾还在渭河滩，运银子的担子足足排了八里路长。当时在孝义镇与赵家并富的还有严家、柳家和詹家，人称"孝义的银子，赤水的蚊子"。

此外，渭南板桥的常家、大荔羌白的温家、韩城王庄党家、大荔县八渔乡八女井的李家均是一方的富豪。温家在四川办盐井，家中是大地主，有一年粮食丰收，母亲来到粮仓里看到一座座小山一样的粮食竟然不高兴地问儿子，说咱们家的粮食难道超过了银子。儿子马上带着母亲去看家里的银窖，母亲满意地看到了千万两大锭的银元宝，比丰收的粮食还多。

大荔的李家世代经商，店铺遍布西安、兰州、上海，号称"走遍天下，不吃别家饭，不住别家店"。在后来的起义中，起义军在李家的一个地窖里就挖出了白银一千多万两。起义军包围李家城垣时，家丁最初用砖块回击，砖打完后就从地窖中搬出银元宝当石头向外抛，实在是家资雄厚。

七、江右商帮

（一）无江西商人不成市

古书上记载：江东称江左，江西称江右。所以古代江西商人就称作江右商帮，也即赣商。江右商帮最早兴起于北宋时期，当时江西人口众多但地域窄小，于是很多人弃农经商。到了元末明初，迅速进入鼎盛时期。一个突出表现就是江西会馆特别多，遍布全国各地。明成祖建都北京后，北京成了全国的政治、经济、文化以及商业中心。江西人也纷纷涌到北京，或经商，或赶考，或谋官。当时北京共有会馆四十一所，江西会馆就占了十四所，居首位。

江西会馆戏台

江西商人遍布全国，其财力和能量，仅次于晋商和徽商，居全国第三位。湖广是江西商人的一个重要徙居地，在湖广的赣商特别多，有"无江西商人不成市"之说。云南、贵州、四川等地也是江西商人的汇集区，他们既经商到城市，也深入到农村，甚至少数民族居住地也留下了他们的身影，经过长久的岁月有些人还成为了当地少数民族的酋长或首领。江西商人在药材领域举足轻重，全国各地开中药铺的商人，十有八九来自江西樟树，所以有"药不到樟树不齐""药不到樟树不灵"的美名。

江西樟树驰名内外

在江右商帮中，没有出现像徽商那样腰缠万贯、富甲天下的巨商富贾，也没有像晋商那样垄断某些行业，也没像浙商那样成为中国近代资本的源头。江右商帮以其经商人数的众多、领域的广泛、渗透力的强劲闻名于世，对中国的社会经济做出了一定的贡献。江右商帮是我国古代经济史的重要内容，冲击着封建社会重农抑商的旧面貌，给落后的农村和封闭的山寨带来了新的气息。

后来，战乱、经济模式的变化、交通格局的改变都对江右商帮形成了打击。但促使江右商帮衰退的重要原因是他们未能摆脱传

江西商人小商、小贾众多

统观念的束缚。他们赚取了商业利润之后，大多用来回家修建祠堂，购买田地，光宗耀祖，却很少用来扩大规模，所以终究不能产生卓越商人和有影响力的百年老店。

（二）江右商帮的兴起

江右商帮能跻身于中国古代十大商帮，在历史上演绎出一段商坛佳话，是有着其深刻历史背景和社会原因的。

导致江右商帮衰退的是战乱，但最初成就了江右商帮的也是战乱。元末明初的长期战争，使江西商人逐渐崛起，他们抓住机遇，广征粮草来满足军队的需要，粮草生意越做越大，也积累起资本。随着军队行进，江西人又将本地的农副产品和生活用品销售到中原地区以及华南、西南。长期的战争使江西人迅速遍及全国，开拓了广阔的市场，独辟一片天地。

明代倭寇泛滥，人民生活受到侵扰，中央政府为了防止倭寇的侵犯实行了禁海政策，不曾想这个政策为江西商人的雄起再次提供了千载难逢的历史机遇。根据中央的政策，国内贸易，甚至对外贸易都依靠水上通道。运河——长江——赣江——北江这一通道便成了全国贸易的黄金水道。这条长达三千多公里的水道，在江西境内就占了一千多公里，江西一跃成为国内、国际贸易的黄金地点，这对江西的商品经济发展和商业活动具有非凡的意义。

　　江西地区本身的环境也对江西的商业有很大帮助。江西地区水运发达、交通非常便利。历史上许多商品集散地都是因为交通的便捷才得以脱颖而出。早在秦朝，国家就修建了江西与广东相连的大庾岭驿道，使货物能够顺赣江南运，最终沿浈水到达今广州。

　　丰富的物产和悠久的精湛技艺更是为江

江西地区水运发达，交通便利，有利于商业贸易发展

江西景德镇瓷器闻名中外

西商业的发达提供了有利的基础。"物华天宝，人杰地灵"是唐代诗人王勃在《滕王阁序》中赞美江西的名句。江西的物产非常丰富，宋代史书记载，江西上缴朝廷的粮食和赋税居全国首位。唐宋时期，江西景德镇的瓷器就号称假玉闻名中外。江西的茶叶更是有名，唐代白居易的《琵琶行》中"前月浮梁买茶去"，这里的浮梁就是景德镇的浮梁县。明代全国五大手工业区分别是松江、苏杭、芜湖、景德镇和铅山，江西就占了两个。

狗牯脑茶是江西珍贵名茶之一

（三）赣商的特点

江西地区物产丰厚，有瓷器、茶叶、纸张、大米、药材、木竹、烟草、蓝靛、煤炭、钨砂等等，江右商帮便大多以贩卖本地土特产为起点。如宋代的布商陈泰，生意做得很大。他在各地雇佣了许多中间人，帮忙将资金预先付给种麻、织布的农民，然后再收购他们的布匹产品。陈泰预先支付定金，垄断货源，显示出了超时代的先进商业思想。

赣商由于大多是家境贫寒的农家子弟，所以从小就具备吃苦耐劳的品格。他们在经商的过程中，能够艰苦创业、勤俭持家。由于他们体验到了早年的艰辛生活与从商的劳苦，所以富裕后也依然能保持朴素的生活作风，不奢侈，不浪费。

赣商也讲究诚实守信，注重商场道德。他们不卖假货、劣质货物，不欺行霸市、抬高物价，还难能可贵地提出了"君子爱财，取之有道"，并形成了一系列商业道德。如"以诚待客，以义制利""和气生财，公平守信""货真价实，童叟无欺"等，让人充分感受到江

西山万寿宫是为纪念许真君而修建的一座宫殿

西商人的质朴。浮梁商人朱文炽在销售茶叶时，每当出售的新茶过期之后，就在契约上注明"陈茶"二字，来表明不欺诈。清江商人杨俊之，在吴越闽粤一带经商二十多年，对待幼童与老年顾客绝不二价，被广为称赞。

赣商的贫寒农家出身使他们为人诚挚，但也使他们有了自身的局限性。因为早年贫穷，许多人家都是借钱经商，挣得钱之后首先是偿还借款，然后才能再投资。而江西商人受到"知足常乐、小富即安"的传统思想影响，往往将商业利润用于家乡修建祠堂、买田买地，这样便决定了他们很少有将生意做大做强的境况。这也是为什么江西商人中少有叱咤风云的富豪大贾的原因。

（四）江右商帮的建筑标志——万寿宫

遍布全国的江西商人，当他们在商业上取得了一定的成就时，都会不约而同地首先去做一件事，就是建造万寿宫，这成了江西商帮的独特传统。万寿宫，就是江西会馆，也叫江西庙、江西同乡会馆、豫章会馆。他们建造万寿宫，也是为了供奉他们的祖先——许真君。许真君是江西古代时的地方英雄，他生性聪颖，常治病救人，是个为民除害、清正廉洁的好官。江西人民为了纪念他，就在他的故居建庙膜拜他。

江西商人每到一处，必先建万寿宫

到了明代，京都以及各省省会几乎都建有万寿宫，在全国城乡可以说是星罗棋布。万寿宫成了商业文化中心，蔚然成风。盛产茶叶的江西修水县，建造有万寿宫五十多座；盛产木材的江西宜丰、赣县，各有万寿宫三十多座。省外的万寿宫更是富丽堂皇，豪华壮丽，可以与当年山西的武圣宫、陕西的三元宫、福建的妈祖庙、湖广的禹王宫、广东的南华宫、江南的准提寺、徽州的朱熹祠、四川的川主庙相媲美。如汉口的万寿宫，属于武汉镇翘楚性建筑，布局严谨、错落有致、色彩富丽、雕刻精细。四川省内建造的万寿宫最多，共有三百多个；北京的万寿宫在明代初期有十四所，到了清代光绪年间共有六十五所，占北京所有会馆的百分之十三。湖北、湖南两个省有万寿宫一百多座；西南地区的万寿宫有五百多座；福建、广东、广西地区有万寿宫三十多座；江南一带有二十多座；中原有十座；西北七座；东北三省各一座。更让后人赞叹不已的是，江西商人还将万寿宫建到了台湾岛，以及日本的长崎、神户和横滨。真可谓是"哪里有江西人，哪里就有万寿宫"。据考证，江西商人一共建造了一千四百多座万寿宫，省外达到八百多座。这些万寿宫记载了江右商帮一代一代在商海中不断进取、不断扩展的历史轨迹。

万寿宫是江右商帮的标志，也是江右商帮的广告，是其财富的象征，也是其实力的象征。万寿宫是旅居外乡的江西人开展亲善友好、祭祀活动的场所，也是江西商人、官员、文人们议事与暂时居住的地方。雄伟、壮丽的万寿宫记录了赣商曾经的辉煌。

万寿宫内香火旺盛

八、福建商帮

（一）在历史长河中追寻闽商

　　福建商帮是我国十大商帮中的一个特例，它兼具商人与海盗两种身份。在历史中寻觅闽商的足迹，如同打开一本厚厚的大书，经商的传统在福建悠久绵长。四千多年前，昙石山文化就显现了海洋文明的特征；宋元时期，泉州就成为当时"海上丝绸之路"的重要发祥地；到了近代，五口通商海岸，厦门、福州占了其二，马尾船政文化谱写一个时代的辉煌。历史在福建人的血液里，积淀下海洋、商贸、开放、移民等许多先进的因子，铸就了福建文化特有的禀赋。

　　唐宋时期，闽商就开始闯荡天下。当时

昙石山文化遗址

泉州被誉为"海上丝绸之路"的发祥地

战乱纷杂，北方气候又变得寒冷，许多北方人开始了人口大迁移，这导致了闽粤人口迅速上升。这种情况下，新的问题又出现了，闽南一带土地贫瘠、背山环海、地少人多，粮食不够吃。所以环境把福建人推到了海洋上谋求生路。一些福建人带着家乡的土特产品，如丝绸、药物、糖、手工艺品，顺着"海上丝绸之路"漂洋过海，到世界各国做生意。

由于唐代积淀起来的商业基础，元代时期，福建人已经有了稳固的商业意识，他们甚至根据经商的需要定居异国他乡。百年来，福建商人东渡日本、北达欧亚、西至南北美洲、

福建南平民居

南抵东南亚各国，为对外贸易的发展做出了巨大的贡献，创造了非凡的辉煌历史。

明清时期，社会经济发展很快，闽粤一带的手工业也飞速发展，福建商人就在这种环境下开始了大规模的海内外贸易活动。福建商人拥有得天独厚的优越条件，面临大海得以发展海运，海运的发展又带来了大量的资金和洋货，为开拓国内市场提供了很好的条件。所以福建商人逐渐在这一新的格局下突显身影。

（二）一半是海商，一半是海盗

福建地区山地贫瘠，人多田少，当地人不得不放弃农耕，发展海洋产业，如海水养殖、海水制盐、海洋航运等。由于先人的不断成功，明清时期，土著海商大量出现，以至掌控了东南亚海上贸易的大权。然而好景不常在，一方面西方大船长驱直入，另一方面国家担心倭寇由海路侵犯，便实行了禁海政策，民间的海上势力遭到了史无前例的扼杀。

福建海商被迫站在了艰难的抉择路口，面对西方大船的海上扩张，是让步还是挑战？面对保守的政府，是做海商还是做海盗？如果不组织武装，就不能对抗西方入侵势力；

如果组织武装，又没有办法和政府交代。最终福建商人舍不得放弃广大的生意，不愿意在家饿死，只好出海，由海商变为海盗。

福建泉南人就是一批勇敢者，从宋代开始，他们就不仅不怕海上航运的风险，而且敢于冒犯朝廷禁令，不顾一切也要走私商品。泉南人在海上贸易中赢取利润以后，不是存起来，而是勇于扩大经营规模。如果赚了十万元，福州人可能会先存五万，用剩下的五万去投资；而有商业头脑又胆大的泉南人则会再借十万元，加上赚来的十万元一起拿去经商。他们在商海中守信誉、不失信、讲道德，涌现了一大批卓越的大商人。

（三）因地制宜、勇于开拓

中国北方和内地相对民风比较保守，而福建人却非常懂得因地制宜，具有勇于开拓的进取精神。

海盐场

在我国古代，重农抑商由来已久，商人被排在职业的最末位，地位低贱。福建地区由于土地贫瘠，面临大海，以及远离中原地区，所以在很大程度上抵制了正统观念对商人的贬抑思想，拥有他们自己的价值观。福建人分析利弊，衡量得失，懂得想生存、想更好

宋元时期，男子视出海为正道

地生活，必须放弃农耕，向大海谋求生路。于是推崇商业的观念在这里逐渐扎根，人们认为经商才能致富，商业胜于农耕、胜于手工业，"以商业为荣"的大有人在。

同时福建商人勇于开拓，敢闯荡天下。我国传统文化注重安土重迁，"父母在，不远游"，而在闽南地区几乎没有什么影响。福建人一反传统，向更广阔的天空展开了他们飞翔的翅膀，去收获更大的成功。在宋元时期，男子就视出海为正道。明清时期，福建人由于商业需要移居海外的络绎不绝。据史料统计，漳泉二地移居海外的人达到了五百四十万人，占本地人口的百分之五十五，其中泉郡人移居海外的达到

本地人口的百分之八十。封建社会的保守轻
商在这里荡然无存，分明是一派先进商业贸
易地区的崭新风貌。他们"舍祖宗之丘墓，
族党之团圆，隔重洋之渡险，处于天尽海飞
之地"。

移民海外、客居他乡，需要有主动适应
异地环境的心态和能力，可见福建人的兼容
并蓄和开放的精神。近代，福建人更是大规
模向东南亚地区移民，同时也为闽南文化注
入了异域的新鲜活力。

（四）闽商挥金如土

与前面的江右商帮相反，闽商成功后不
知勤俭朴实，却挥金如土，喜好用重金去装

海上贸易为闽商带来巨大的利润

福建漳州民居

点奢华的生活。而当时的社会风气正着重去朴素从艳丽，攀比之风盛行，这种环境也对闽商的放任起到推波助澜的作用。

由于大规模的海上贸易，福建商人穿衣要华丽锦绣，住屋要雕梁画栋，沿海城乡竞相攀比。在古书中详细地记载了漳州城及漳州地区推崇奢靡的景象："人无贵贱，多衣锦绣，意制相诡，华彩相鲜。……斗鸡走马，享乐臻乎极致，鸽鸟鹌鹑因此价涌，嘉靖三年，鸽鸟价值百金。……人争尚之，初仅值一二金，长至十数金。已而湖人售之，转相夸艳，价益沸涌，贪夫贩子竞倾赀，以购得为幸。虽厉禁不止也。……近日浮荡子弟多斗鹌鹑画眉，以相胜负，价甚高，鹌鹑尤多，即此类也。"福建商帮生活奢靡，如此花钱，犹如掷土石。

（五）心中的政治梦

明清时期的福建商人在成功以后，心中便开始怀有一个政治梦，非常期望能获得当权者的青睐，希望是富商的同时又是朝廷官员。

当政府严厉地实行禁海禁商政策时，福建商人便奋起反抗，组织武装，半商半盗。但一旦腰缠万贯，却又等待时机，希望投靠朝廷。比如，天启年间，泉州官员奉命招安，实力强大的福建海商郑氏马上表示，海上组织武装力量绝非本意，是受倭寇的围困，被迫而采取的行为。并且脱去衣帽，亲自到官府请罪。纵横海上的富商竟然以如此卑微的言辞和行为面对官府，可见他们投靠政权的急切心理。投靠成功后，郑氏还对官员积极实行贿赂，反复表示忠心。与其在海上的霸气相比，简直判若两人。福建商人这般向政权靠近，并非忘记了自己的商业，只是想利用自己的实力，在政权中谋取一席之地。他们为了得到一个官职，不惜花费大把大把的

政府推出禁海禁商令后，遭到福建商人的强烈抗议

福建商人成功后，拿出许多银两投资教育事业

银两。但是政治是残酷的，朝廷对这些海盗始终怀有戒备心理，骨子里对他们又是极其的轻蔑，极其的不信任。

福建商人为了向政府靠拢，还做出了许多捐资助学、提携子弟的行为。因为在封建社会里，后代考取功名，整个家庭的社会地位都会自然地提升。于是成功后的福建商人将求取功名的厚望寄予后代，不惜拿出许多银两投资教育事业。在商业力量雄厚的漳泉地区，读书逐渐变得与航海同样重要。但这个梦想在现实的境况下，实在是比较缥缈。因为在那个时期，全国人口增多，考取功名的学子也增多了，但科举的名额并未随着考生人数的增多而增多。本来不以科举为目标的闽南地区在这种考学困难的环境下忽然转向，实在是让后代子孙们迎难而上。虽然出路渺茫，困难重重，但福建商人却仍然乐此不疲，对科举保持着一种执著的精神，却不知道自己已经逐渐陷入一种可悲的地步。据史书记载，从明代中期到清代末期，福建邹氏家族将近一百七十人获得科举功名，但考上举人者仅有两人，其余都是生员、监生、贡生一类。实在是浪费了银两，又浪费了人才。

明清时期，福建参加科举考试争取功名的人非常多

九、宁波商帮

漕运是宁波商帮的主要经营项目

（一）后起之秀宁波帮

民间有句话说："无宁不成市，宁波人做生意头子活络，不管是千里路，不管是万里远，只要有市面，都有宁波人。"

中国的十大商帮中，宁波商帮是一支后起之秀，简称宁波帮，指的是宁波府的商人，这也是一个以血缘姻亲和地缘乡谊为纽带连接而成的商业集团，从它形成之初，就显现了不同寻常的见识和卓越。宁波商帮最早在明末清初就开始形成了，但它的生命力非常旺盛，到现在还活跃在全世界许多地区。

宁波商帮被认为是继徽商、晋商之后

的势力最强的商人群体之一。据史料统计，19世纪末到20世纪初，在上海的外来移民中，广东人和宁波人占大多数。在这些移民中，一代新的资本家脱颖而出，活跃在工商界，其中广东商帮占十分之一，其他各个商帮共占十分之二，而宁波商帮独占了十分之七。1920年，在上海的公共租界里，华人有六十八万，其中的宁波人占了四十万，他们把商业与金融紧密结合起来，跻身于全国著名商帮的队伍，在银楼业、药材业、成衣业、海味业以及保险业都做得有声有色。宁波商帮为江浙、上海的现代化做出了巨大贡献，也对中国的工商业、金融业起到了很大的推进作用。他们凭借着强烈的创业精神与杰出的经营能力谱写了宁波商业史的百年辉煌乐章，至今仍然充满强大的生命力。

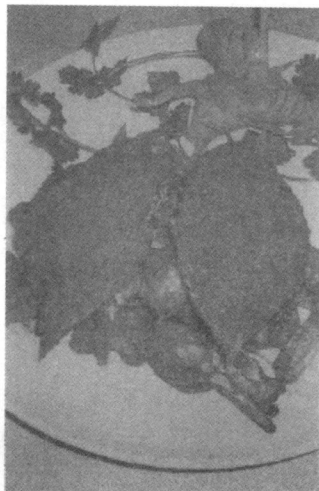

宁波盛产海产品

宁波商帮分为几个发展时期。第一个重要的发展时期是清代乾嘉时期，其由一个普通的中国沿海地域商帮变为了国内著名商帮。宁波海商在这一时期发展迅速，活动范围也有了很大的拓展，从长江到南北洋，再到海外，对日贸易也形成了很大的规模。1840年，宁波商帮已经和晋商、粤商、闽商共同主导新的历史格局了。

中国垦业银行发行的纸币

鸦片战争以后的几十年，宁波商帮进入了第二个发展时期。他们充分发掘自身优势，进入到新兴的对外贸易领域，在买办中很快崭露头角。买办的发展对中国传统悠久的自然经济形态造成了很大的冲击，为商品经济登上历史舞台做了充分的铺垫。

19世纪八九十年代，是宁波帮的第三个重要发展时期，他们继续在新的时代背景下蓬勃发展起来，称霸于航运业、金融业以及工业等新兴领域。这一时期宁波商人佳绩连连，他们以上海为基地，创造了大概一百个全国第一，出现了一批各行各业的"大王"，在中国商业史上营造了百年的辉煌佳绩。

1897年，他们吹响了迈向现代金融业的嘹亮号角，创办了中国历史上第一家华人银行。1908年，四明商业储蓄银行建立，这是一个独立创办的以一个城市为标志的股份制商业银行。第一次世界大战后，宁波商人再次以敏锐的商业嗅觉抓住了机遇，在短短一年的时间里就创办了上海煤业银行、民新银行、日夜银行、中华劝业银行等十余家银行。并且还创办了中国垦业银行、中国企业银行等多家新式商业银行。一时间，以宁波金融家为主体的上海银行家队伍被冠以"江浙财

团"的桂冠。可见宁波商人的经营理念已飞
速提升，大踏步走向资本运作领域，谱写了
一个又一个商业界的佳话。

　　1862 年，宁波镇海的叶澄衷在上海开设
了"顺记五金洋杂货店"，诞生了上海第一家
华人开设的五金号。随着规模的扩大，全国
各地共有分号三十八家，联号一百零八家，
包揽了"五金大王""火油大亨"的美名，总
资产超过八百万两白银，而当时晋商最大财
团蕖家的总资产才四百万两白银。

　　1896 年，鄞县的鲍咸昌与兄长鲍咸恩、
妹夫夏瑞芳等亲友创办了著名的商务印书馆，

叶澄衷塑像

商务印书馆出版标记

后发展为我国近现代史上规模最大、贡献卓越、影响深远的大型出版企业，在全国乃至东南亚的图书馆业都一度称雄。

1905年，宁波商人孙梅堂在宁波创办了制钟工厂，首创了国产时钟。1917年，他又来到了上海，盘下了原来由法国人创办的亨利达钟表行，先后在十一个大城市开设了二十五家分店。

1912年，宁波镇海的方液仙在上海创办了中国化学工业社，在他手中，我国第一家牙膏厂诞生了，随后生产出三星牙粉、三星牙膏、三星蚊香、三星观音粉、三星酱油精、箭刀肥皂等产品。于是方液仙被誉为中国日用化工的奠基人。

余姚的黄楚九，从中药业改为西药业，后来又转为开拓娱乐市场。1912年,他创办"新新舞台"；1913年，他在舞台顶层开设了中国第一家"屋顶花园"；四年后，他积累了经验和资本，出手就是八十万元，建成了"大世界"游艺场，震动了整个大上海。这还未完，黄楚九于1924年创建了中华电影公司，成为闻名遐迩的跨门类商界奇才，演绎了大上海跨行业经营的佳话。

20世纪初，电影传入中国以后，又是商

业嗅觉敏锐的宁波商人最先察觉到了商机。创办了中国第一家自主制片的影片公司——幻仙影片公司，并且拍摄、指导了我国第一部故事片——《难夫难妻》。

在新的时代背景下，宁波商人成了引领当时中国经济发展的重要团队。他们积极进取，勇于开创，用非凡的智慧和无比的坚韧造就了中国的许多"第一"：第一家日用化工厂、第一家机器染织企业、第一家灯泡制作厂、最早的民营仪表专业厂，以及最早的保险公司、房地产公司、证券交易所……这时，宁波商帮俨然已成为中国的第一大商帮。

《难夫难妻》的宣传海报

宁波镇海涌现出不少成功的商人

20世纪四五十年代以后，宁波帮进入到了第四个重要发展时期。一些宁波工商业者将生意做到了海外，另外很多人以香港为商业基地继续发展着他们的生意，他们的后代与20世纪80年代后移居海外各地的宁波籍人士一起，被称为现代海外宁波帮，海外宁波帮至今业绩显赫。宁波镇海的邵逸夫及其兄弟从1925年开始发展电影事业，几十年来出产了一千多部影片，广受好评，后来他们在电视业同样取得了卓越的商绩。同样是镇海的包从兴，在电子业和纺织业占有一席之地。还有镇海的张敏钰，成为名震台湾的水泥大王。宁波的鄞县也出了一大批人才，包括香港棉纺大王陈廷骅、毛纺业大王曹光彪、钟表大王李惠利、娱乐大王邱德根、台湾棉纺大王王传麟等。改革开放以后宁波帮依然谱写着商业界的神话。

（二）名噪一时的"红帮裁缝"

宁波帮的传奇如此之多，各行各业都不逊色，他们的裁缝也手艺非凡，有一个特定的名字叫"红帮裁缝"。曾经在一段时间内，宁波裁缝专给外国人做西装，而外国人被称为红毛人，于是宁波裁缝也就落了个"红帮裁缝"的别称。关于他们的祖师爷也有着一个动人的传说：宁波人张尚义在横渡杭州湾

出自"红帮裁缝"之手的中山装

在上海开裁缝店的多为宁波人

时成为了翻船的幸存者，一块破船板救了他的性命，使他经过数天的漂泊到达了日本的横滨。在陌生的环境里，他凭借着会裁剪很快找到了糊口的方法，那就是为海边的俄国船员修补西装。渐渐地，心灵手巧的张尚义成为了西装裁剪的高手。许多年后，他的儿子张有松回到了祖国，在上海创办了第一家西服店——福昌西服店，并慷慨地把裁剪西装的手艺传授给了同乡。

宁波裁缝逐渐垄断了各地的西服制作业，日后上海南京路上涌现的最有名的西服号，几乎都是宁波人所开的。更难得的是，"红帮裁缝"的影响并没有随着一个旧时代的结束而消失，直至今天，宁波都是名副其实的服装之都，全国每出产十件衣服，就有一件是从这里生产出来的。

这就是闻名遐迩的宁波裁缝，在他们的手中，产出了中国的第一套西服、第一套中山装，甚至第一部西服理论著作。他们不愧为中国近代服装改革的先驱。

包玉刚蜡像

（三）一代船王包玉刚

包玉刚，不仅仅是一个宁波人的名字，更是世界船王的名字。他闻名海内外，成就令全世界瞩目。

1918 年，包玉刚出生在离海不远的一个小村庄里，童年的包玉刚最喜欢的事情就是看海看船，他曾经希望自己长大后能当船长并驾船周游世界。没曾想几十年后，世上少了一个船长，却多了一个世界级的船王。

包玉刚在而立之年时，还不为人所知。1949 年，他来到香港，决定干出一番事业。他起初做过粮食、中药等的销售。后来他有了资本以后，小时候当船长的梦想重新浮现在脑海里，也正是这个梦想开拓了他人生的灿烂之路。

当时的香港已经是一个国际性商业大港，于是包玉刚想转行做船运。但是刚开始计划便遭到了家人和朋友的反对，他们都不想让包玉刚去冒风险，因为船运的生意风险性太大，或者赚了大钱，或者倾家荡产。但包玉刚却暗暗坚定了自己的决心。

几经波折，他终于集全家的积蓄——二十万英镑，买下了英国公司的一条旧船，从此起家了。包玉刚这样的"家底"不免让人嘲笑，有人竟然打赌说："他凭这一条旧船能成功的话，我就在香港码头上倒爬几个来回。"但岁月见证了一切，二十年后，包玉刚从一条旧船发展成了一个闻名遐迩的"海上

包玉刚故居

包玉刚先生的藏品

王国"。

包玉刚开始的时候，力求保证低风险性，他宁可少赚钱，也不接有风险性的生意。这个期间他的主要合作伙伴是日本的货运公司和造船公司。

50年代，包玉刚所经营的都是散装货轮，吨位小，加上租金低，赚钱不多，发展也不够快。他开始想新的办法，购买油轮，面向世界。但是挑战随之也来了，欧美的石油公司和其他租户对华人船东存在偏见，认为与他们合作没什么前景。包玉刚为了解决这个问题，四处游说，到处许诺保证，如完不成货运任务愿加倍自罚。在这种情况下，终于

货运码头

才有了一个难得的机会……最后，包玉刚的船队出色地完成了货运任务，由此挤进了国际航运界。

　　60年代初，包玉刚又抓住了一个重要的机遇，那就是巧妙地与汇丰银行签订了贷款协议，从此借鸡生蛋，飞速发展了自己的船队规模。七年之后，拥有船只五十艘，又过了十年，拥有船只二百多艘，位居世界船王之首。由此大大提升了中国人的尊严和信心。

　　如今，船王已逝，但他艰苦创业的历程和辉煌的生涯却永驻我们心中，振奋着我们。

十、广东商帮

广东明清古建筑

（一）广东商帮的传奇

海外流传着这么一句话，说："太阳无时不普照粤人社会。"这句话点出了粤商的辉煌。

道光十年，英国议会对在中国做过商业贸易的英国商人进行了一次调查，结果显示，绝大多数在广州进行贸易的人都觉得在广州做生意几乎比全世界任何地方都更方便、更好做。

近代，外国经济势力侵入，中国开始缓慢地迈开近现代的步伐。曾经名噪一时的晋商、徽商等因为固守传统而逐渐衰退，而广东商帮却伴随着近代广东商品流通的扩大、商品经济的发展以及海外移民的高潮而崛起。广东商人发迹于东南亚和香港、潮汕地区。二次大战时，广东商人一度沉寂，但他们战后苦干了许多年，终究崛起于中国南部、香港及东南亚。

广东商帮有广东人的特点。

他们要是想发财，就会使劲忙起来。广东人勤劳肯干，当他们追求金钱和成功时，可以说能舍弃一切安逸和享乐。许多广东商人从小商小贩起家，凭借着辛勤的双手开辟了富裕之路。

据史书记载，唐代广东商人就将生意做到了海外；近代更是足迹遍布祖国大江南北，

广东明清古建筑上的精美彩画

以至使广东获得了"侨乡"的别称。而今，广东的海外商人已然是一股庞大的势力。

他们勇于开拓，敢于冒险，又踏实肯干，遇到机遇牢牢抓住，迅速发展起来。与众不同的是，广东商人还喜欢做新的生意，他们觉得新才没有强大的对手，趁还没有其他的竞争者构成威胁时就先赚一大笔利润。他们敢冒险，颇有一股"不入虎穴，焉得虎子"的大无畏气魄。

广东商帮主要由广州帮和潮州帮构成。

（二）盛产商业人才的新会

广州帮主要由广州府属的珠江三角洲各县商人构成。梁启超曾经说过，广东是一个"富

粤东会馆曾是广东商人云集的地方

新会位于南海之滨，人杰地灵

而通"的省份。所谓"富"指的就是商品经济发达、商业繁荣；所谓"通"就是指在经济、文化、人员方面与西方国家进行频繁交流。新会位于南海之滨，人杰地灵。新会人善于农耕，而且精于商贸，在广州府属地内出类拔萃，是广东商帮的重要组成部分。

据史书统计，新会人在广州商帮中所占比例最大，达到了十分之二，可见新会人的精明强干。

当年，在外地经商的商人，流行修建会馆，一为了联络感情，二为处理商业事务，三为保障共同的利益。明万历年间，新会商人就已经在湖南米粮交易中心——湘潭建立会馆，

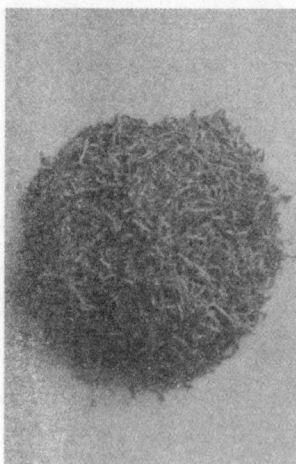
烟丝

脚踏手摇纺纱机

名叫"古冈堂"。清代康熙年间，新会商人在汉口建立了古冈会馆；乾隆年间，他们在重庆建立了古冈栈。清代末年，连苏州也有了新会冈州会馆。新会商人所到之处，几乎都建有这种"出江帮"会馆组织，以服务于商业及联络感情。

新会的土特产品广销国内外，包括上海、汉口、镇江、四川和长沙等地，并且延伸到大连、天津、烟台、青岛、济南、福州等地，受到普遍的欢迎。清代时期，新会最大的出口商品就是烟丝，主要是由采自鹤山和新会的烟叶制成，每年出口值银一百八十万元，是全县六大出口商品之首。

新会的纺织业也是历史悠久，据说北宋新会的黄道娘向乡妇传授纺织技术，比民间流传的黄道婆教纺织要早二百年左右，应该是名副其实的纺织术首创人。在这种历史氛围下，新会的麻纺业、棉纺业、缫丝业也是非常发达的。清代中期，已经广泛采用了脚踏手摇纺纱机来制造布，并形成了家庭作坊式的形式。清代光绪时期，史书上记载："新会苎布，甲于天下。"

出外远销土特产品的新会商人及商行有一个特殊的称号——"出江帮"，从这个乡土味十足的称谓中，可以让人感受到新会人那种自豪、自信、进取的品格。新会"出江帮"不仅足迹遍及祖国大江南北，而且把生意做到了海外，陈瑞祺、冯平山在东南亚，林护在香港，都是有名的大商人。

向内有水路，并且与香港澳门毗邻而居，向外有大海大洋，得天独厚的地理环境使广东商人仿佛上天的宠儿，拥有无限商机，大获盈利。于是，人们说"广东之富，在商不在农"，以新会为中心的古冈州"出江帮"就是一个佳话。

广东毗邻海洋，拥有无限商机

（三）号称"东方犹太人"的潮州帮

这是一群有着独特的浓重口音的商人，他们固执地把家乡话的咸味掺入到国语、粤语甚至外语中。他们不显山不露水，始终保持低调，但他们头脑精明的美名却在生意场上四处传播着。这就是在鸦片战争以后，在海外独闯出一片天地，与温州人并称为"东方犹太人"的潮汕商人。

潮汕商人是广东商帮的另一个重要组成部分，崛起于明清之际，他们人数众多，经营范围广泛，商业资本更是雄厚。他们的足迹遍布海内外，在国内主要是北京、上海、

潮汕小吃

古代商团

潮汕民居

广州，更多的商业战场还是在海外。

　　潮汕商人大多出身贫寒，来自于社会的底层。他们的智慧、才能，不是来自于书本，而是来自于生活。他们迫于生存的压力，从小商小贩做起，开始自己的创业历程。

　　潮汕人能吃苦，会做生意。可以从半夜就起来忙，守店可以从凌晨一直守到晚上，中间从不离店，吃饭也就在店里吃。海南农垦报曾说，很多农场都有从广东潮汕地区迁移过来的知青，可能的确是有商业天赋，现在各农场的小店基本上都是潮汕人开的。潮汕人凭着能吃苦耐劳的精神和精明擅断、通权达变的气魄逐渐开辟出崭新的天地。

潮汕地区的中草药材市场十分活跃

提到潮汕人，就不能不提他们在药材市场上的成就。潮汕普宁的药材市场是潮汕医药人才的孵化器，也是中国药品交易的一个重镇。当初这个药材市场发源的时候，没有任何外力的促进，只是因为附近的梅林镇的百姓有种植草药的习惯，就常常带着草药来到这里交易。后来随着国家药品经营的开放，白云山制药厂最先派出对外销售队伍，同时也在普宁药市设点经营。随后各地的药厂纷纷效仿这种形式。当时在普宁有三家公司在药市交易中起着举足轻重的作用，包括：普宁卫生医药服务公司、普宁药材公司、普宁医药公司。一些小集体企业都是挂靠在这几家公司里面，还有相当多的药厂都是通过这几家公司的关系找到了合作单位。渐渐地，他们的医药商业全国闻名。

生意场上的勾心斗角不容心软与吃亏，但是潮汕人是商业场上的老手，他们有很多小技巧，貌似吃亏，实质却相当精明。比如，一些专门做批发小超市、小店生意的潮汕批发商，会选择一种很畅销的产品作为诱饵，

潮汕功夫茶

潮汕风情

故意低价抛出，造成整个卖场价格便宜的假
象，吸引客源，引来许多小店进货。但同时，
那些小店不可能只进一种货，还要进其他高
利润的产品，所以总体上潮汕商人是赚钱的。
这些技巧本非潮汕人独创，但他们的厉害之
处就在于能运用得异常出神入化。所以人们
常说，潮汕人都是算账的天才。